Roller	Tür	Maus	Löwe	Igel Insel	Hut
R r	T t	M m	L l	I i	H h

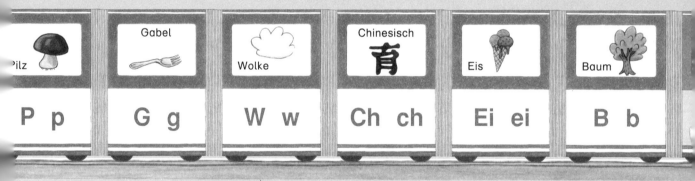

Pilz	Gabel	Wolke	Chinesisch	Eis	Baum
P p	G g	W w	Ch ch	Ei ei	B b

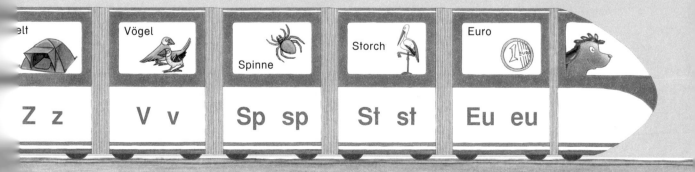

Zelt	Vögel	Spinne	Storch	Euro	
Z z	V v	Sp sp	St st	Eu eu	

Fara und Fu

1

Herausgegeben und erarbeitet
von Jens Hinnrichs
unter Mitarbeit von Petra Dalldorf, Barbara List,
Christiane Müller, Anneliese Pollak,
Ursula Schwarz, Brigitte Stöcker
und wissenschaftlicher Beratung
von Prof. Dr. Renate Valtin

Schroedel

Inhaltsverzeichnis

3

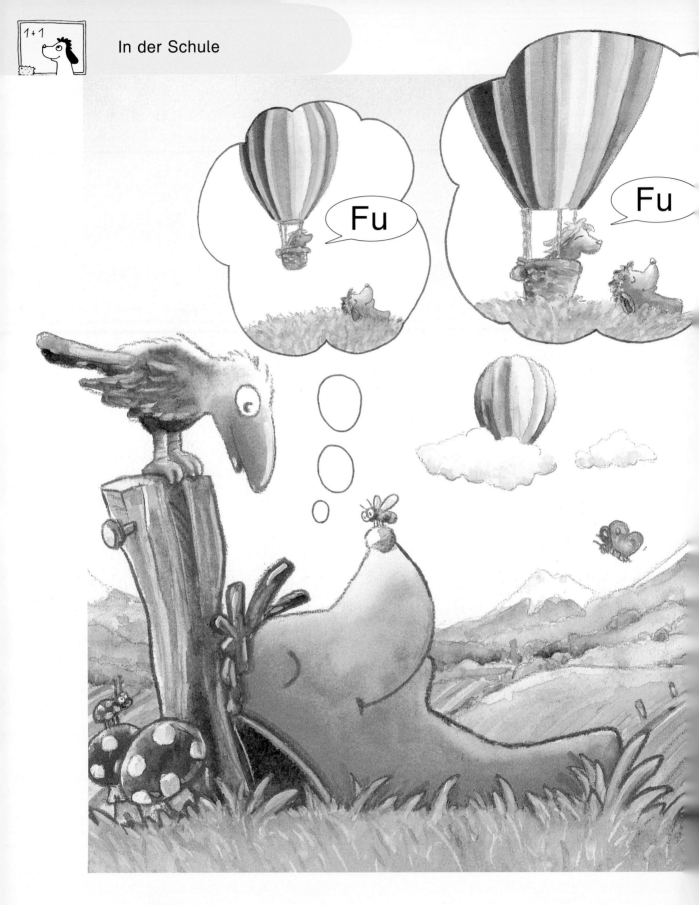

4 F f

Eine Fortsetzung für die Geschichte malen.

U u 5

  A a

Eine Szene auswählen und dazu erzählen.

Die Buchstaben F, U, A und R schreiben und dazu Gegenstände malen.

Ausgewählte Pausenaktivitäten besprechen und nachspielen.

Mama ruft:
„Murat!
Murat, …!"

Musik

Manchmal
macht
meine Mama
mit mir …

Fara ruft Fu.
Fu ruft Fara.

Fara

Fara malt

Malt Fara Fu?

„Fu,
rat mal!"

„Fara malt ..."

L - a - m - a
La - ma
Lama

12 L l

Fu ruft Lara.

Fara ruft Murat.

Lara

Murat

Malt Ralf Mama?

Aus diesem Haus
schaut Fara raus.

Aufschreiben, was die Kinder malen.

13

Mit mir!

Tim ruft:
„Lara,
mit mir!"

Ira ruft:
„Lara,
mit mir!"

I i

Uta umarmt Fara.
Murat umarmt Fu.

Maria hopst
mit dem Ballon.

Aufschreiben, welche Kinder zusammen spielen.

Hilf mir mal!

„Murat,
hilf mir mal!"

Murat hilft Tim.

Lara hat Fu im Arm.
Maria hilft Lara.

Uta hilft Ralf:
„Hut!"

H h

Erzählen, wie die Kinder einander helfen.

Ira hat F im Hut.
Ira hat u im Hut.

Fara hilft Ira.

Ira hat Fu im Hut.

Li La Lara
Fu hat Fara

Simsalabim!
Nun zaubert Tim.

MI MA MUT
Fu ruft im Hut

HOKUSPOKUS

Einen Zauberspruch aufschreiben und dazu malen.

Rot!

Oma holt Tim.

„Hallo, Oma!"

„Halt, Tim,
... rot!"

O o

Das richtige Verhalten klären.

Mama holt Maria.
„Hallo, Maria!"

Maria ruft.
„Mama, toll!"

Bei Rot musst du stehen,
bei Grün darfst du gehen.

Tor!

Tim ist im Tor.

„Murat, los!",
ruft Sara.

Murat rast sofort
mit Sara los.

„Tor! Tor!"

S s

Ausdenken, wohin der Ball fliegt.

Mama filmt.

„O Sara!"

Tor auf dem Tisch

Ein Ende für die Geschichte malen oder aufschreiben.

In Not

„Halt!"

„Nimm uns mit!"

Nils ruft Mama an.

„Hallo, Mama!"

„Nanu, Nils!"

„Mama, hilf uns, …!"

„Nils, …!"

N n

Das Telefongespräch nachspielen.

Nils ruft Mama
nur im Notfall an.

Fast umsonst!

Sofort los!

Land der
Mitternachtssonne

Nur mit uns!

Nanu!

Fu ruft: „Toll!"
Hat Fu Mut?
„Halt, Fu!"

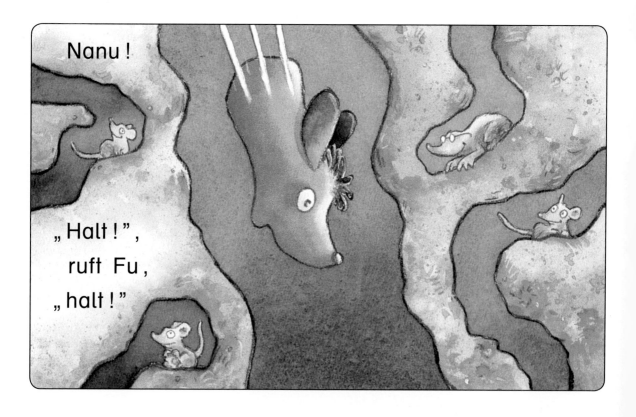

Nanu!

„Halt!",
ruft Fu,
„halt!"

„ Hallo , Fu ! "

„ Fara ,
   hilf mir ! "

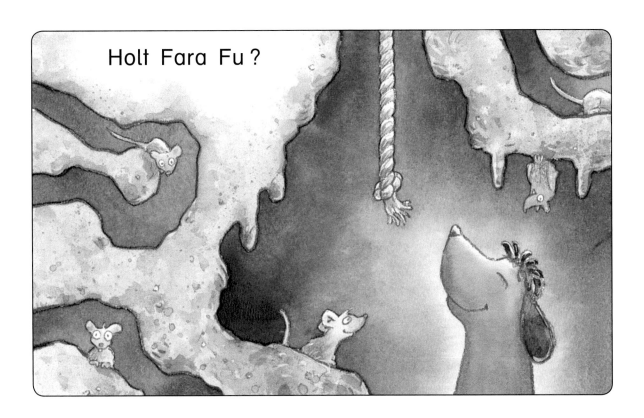

Holt Fara Fu ?

Elefanten-Rennen

Maria soll mit Tim als Elefant rennen,
Sara soll mit Nils rennen.

„ Festhalten ! Los ! "

Maria rennt mit Tim los.
Sara rennt mit Nils hinterher.

„ Halt ! ", ruft Tim.
Er muss loslassen.

„ Erster ! ", ruft Nils.

Das Elefanten-Rennen nachspielen.

Anhalten!

Nun nimmt Tim Fara mit,
Sara nimmt Fu mit.

„ Anhalten!
Fu rollt herunter!"
Sara muss Nils loslassen.

„Fara ist Erste!"

„Das Elefanten-Rennen ist lustig!",
sagt Maria.
„Machen wir morgen einen Enten-Slalom?"

Aufschreiben, welche Kinder miteinander rennen.

Tastdosen

Lara sammelt immer.
Lara sammelt alles.

Tim findet Laras Sammelsurium
in den Dosen interessant.
„Lass mal sehen!"

Er darf alle Dosen ansehen.

„So, Tim, nun sollst du alles ertasten!"

Tim tastet und tastet.

30 D d   Überlegen, welche Doseninhalte schwierig zu ertasten sind.

Der Test

„ Und nun der Test, Tim !
Nenne den Inhalt aller Dosen ! ”

„ Federn , Nudeln , Sand ,
Rinde , Erde , Halme ,
Nuss , Indianer . ”

„ Und ? ”

Duftdosen

Gegenstände für Tastdosen aufschreiben oder malen.

In Afrika

Fara und Fu
treffen Kamele.

„ Helft uns ! ",
ruft Fara.
„ Fu hat Durst ! "

„ Dahinten ist der Nil.
Da kann Fu trinken. "

Fu rennt ans Ufer,
Fara hinterher.

„ Halt !
Da kommen
Krokodile ! "

„ Hilfe ! "

32   K k

Die Geschichte mit Figuren nachspielen.

Das Ende

Alle Kinder in der Klasse
erfinden das Ende.
Und immer ist es anders.

Da kommt
der Elefant
und hilft Fu.

Das Krokodil
kommt
und Fu

Das Nashorn
nimmt Fara
und Fu mit.
Fu ruft:
„Danke!"

Fara holt
den Ballon
und rettet Fu.

Hilfe

„Hilfe, Monster!",
ruft das Krokodil.
„Du dummes Krokodil!
Es sind nur Fara und Fu."

Ein Ende für die Geschichte malen und schreiben.

Im Turm

„ Lass uns
den Turm dahinten
ansehen!"

Fara und Fu landen.

Das Tor ist offen.

„ Hu - hu - hu!",
ruft es im Turm.

„Hu - hu - hu!
Es ist so finster in der Kiste!
Helft mir!"

Fara und Fu helfen
dem armen Minimo.

Nanu! Das Tor knarrt.

„Da kommt der rote Ritter!"

„Komm, Fara, los,
ehe er uns
holen kann!"

Das Ufo

Lara holt Papas Hut.
„Das ist unser Ufo!"

Nils nimmt Laras Puppe.
„Das ist der Pilot!"

„Prima!"

Das Ufo rast
hin und her,
her und hin.

Das Fenster ist offen.

Hui!
Das Ufo rast ins All.

🍄 P p

Die Begriffe Pilot, Ufo und All erklären.

Im Hof

Das Ufo landet im Hof.

Nils rennt hinunter.
Er findet nur
den Piloten.
Das Ufo ist fort.

Bumerang

2 Pappstreifen
3 cm x 20,5 cm

in der Mitte heften

Enden hochbiegen

werfen

Ein Ende für die Geschichte malen und dazu schreiben.

Geduld!

Tim ist krank.
Er hat Grippe.
Mit anderen Kindern darf er
nur am Telefon reden.

„Mama, darf Murat
morgen kommen?"

„Nur Geduld!", sagt Mama.
„Am Montag kann er kommen."

„Montag erst?"

Da kommt Papa.
„Tim, du hast Post!"

G g   Überlegen, was man für kranke Freunde tun kann.

Post

Tims Klasse hat Karten gemalt,
damit er lesen, malen
und raten kann.
Das findet Tim gut.

Ruf mal an!

Telefonnummer

Findest du
Fara?

Rate!

Das sind Giraffen
im Fernsehen.

Fu ist im
Fernsehen.

Rate!
Es ist hart.
Es ist rund.
Du hast es
oft in
der Hand.

Tim
ist im Tor.

Kannst du dir
Geld malen?

Kannst du
das lesen?

Tim ist
nett

Nimm den

l G d e

Findest du Fu?

Male Fara ins
Fenster.

Im Garten sind Igel.

Male das Gitter um den Tiger!

Rate mal!
Du hast es
am Arm.

Karten zum Lesen, Malen und Raten herstellen.

Wo ist der Hund?

Samson ist Laras Hund.

Wenn Lara fort ist,
wartet Samson.

Wenn Lara ruft,
kommt er sofort.

Lara hat Futter
und Wasser geholt.
„ Komm , Samson , komm ! ”

Lara ruft und ruft.
Was ist nur los?
Wo ist Samson?

     Vermuten, warum der Hund nicht kommt.

Der Dorn

„ Was hat denn
der Kater ? ",
fragt der Doktor .

„ Er humpelt ",
antwortet Nils .

„ Dann wollen wir
mal sehen . "

Im Nu ist der Dorn entfernt .
„ Danke ! ", sagt Nils .

Kaninchen   Wellensittich   Meerschweinchen

Der Wal

Der Wind hat Fara und Fu
ans Meer getragen.

„ Orkan! Festhalten!"

Plumps!
Fu landet im Wasser.

„ Hilfe!", ruft er,
„ Hilfe, Fara!"

Wo ist Fara?

„Nanu!", denkt Fu.
„Was ist da unter mir?"

Ist das Sand?
Sind das Felsen?

Fu ist gerettet.

„Danke, guter Wal!"

In der Ferne kann Fu
etwas sehen.
Ist das Fara?

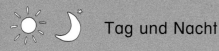

Das Sonnenlicht

Dort,
wo das Licht der Sonne
unsere Erde erhellt,
ist Tag.

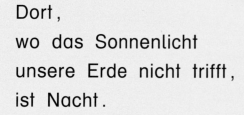

Dort,
wo das Sonnenlicht
unsere Erde nicht trifft,
ist Nacht.

  Ch ch

Auf einem Globus das Heimatland suchen.

In unserem Land

In unserem Land
ist gerade noch Tag.
Durch das Drehen der Erde
wird es Nacht.

Lampe
(Sonne)

Wo ist auf der Erde Nacht,
wenn bei uns Tag ist?

Globus
(Erde)

Eine Sonnen-Geschichte malen und schreiben.

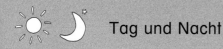

Ein Tag daheim

Herr Wald kommt heim.
Er war in der Nacht
mit seinem Lastwagen unterwegs.

Maria hat einige Kinder eingeladen.
Alle essen Eis.
Alle lachen.

Oma Rose ist allein im Garten.

Herr Feller ist krank.
Er will seine Ruhe.
„So ein Krach!"

46 Ei ei

Guten Tag

Guten Tag,
guten Tag,
guten Tag.

Warum so oft?

Weil ich dich mag!

Georg Bydlinski

Sonn**tag**, Werk**tag**, Ruhe**tag**, Geburts**tag**, ...

Tagdienst, **Tag**falter, **Tag**ebuch, **Tag**eslicht, ...

Zum Tageslauf der eigenen Familie malen und schreiben.

47

Krach

Murat darf bis morgen bei Tim bleiben.

Am Abend lesen beide gemeinsam ein Buch.
Darin machen wilde Kerle Krach.

Mutter kommt herein und fragt:
„Muss beim Lesen ein solcher Krach sein?"

„Das ist doch der Krach der wilden Kerle", sagt Tim.

„Nun aber ins Bett!", lacht Mutter.
„Bei den wilden Kerlen ist nun Ruhe."

48   B b

Über andere spannende Bücher berichten.

In der Nacht

In der Nacht
wird Nils wach.
Was war das?

Nils horcht.
Pocht da etwas?
Nils bewegt sich nicht.

Da pocht es noch einmal.

„Soll ich Licht anmachen?",
denkt Nils.

Wie schlafen Bärenkinder?
Ohne Sorgen,
in Höhlen geborgen —
so schlafen Bärenkinder.

Hans Baumann

Ein Ende für die Geschichte malen und schreiben.

Im Mondlicht

Im hellen Mondlicht
erkennen Fara und Fu
eine Ruine.

„Horch mal!",
sagt Fu.
„Weint da nicht einer?"

Es ist Alfi,
der kleine Geist.
„In meiner Ruine ist es
so kalt und nass!"

„Du armer kleiner Geist!",
sagt Fu.
„Komm mit uns!
Wir suchen dir
eine andere Burg."

„Da ist eine Burg!",
sagt Fara.

„Hui hu! Hui hu!",
ruft es in der Burg.

„Das sind Geister",
meint Alfi.
„Es ist eine Geisterburg!"

„Hui hu! Hui hu!",
rufen alle Geister.
„Komm herein
und geistere mit uns!"

Da feiern alle Geister
mit Alfi ein Geisterfest.
Fara und Fu feiern mit.

Segelschiffe basteln

Die Kinder haben
kleine Segelschiffe gebastelt.
Sie wollen die Schiffe
im Teich schwimmen lassen.

„Probiert es lieber erst
in der Badewanne",
sagt Mutter.

„Da gibt es aber
keinen Wind."

„Man kann doch pusten
oder die Schiffe anschieben."

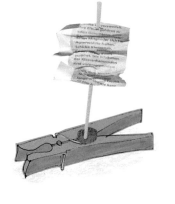

✂ Sch sch

Vermuten, welche Schiffe gut schwimmen.

Im Schiff

Fara und Fu machen eine Reise
mit dem Schiff.

Es wird windig.
Das Schiff schwankt.

Nun regnet es.
Fu nimmt den Regenschirm.

Der Wind wird heftiger.
Fu kann den Schirm nicht halten.

Der Regen prasselt.
Fara und Fu werden klitschnass.

Doch der Wind
pustet die Wolken weg.

Die Sonne
scheint wieder.

Fara gibt Fu einen Kuss.
Schluss.

Mein Boot, das schaukelt hin und her,
und bläst der Wind,
dann schaukelt's noch mehr.

Barbara Böke

Ein Fantasieschiff malen und dazu schreiben.

Reifenpanne

Tims Rad ist kaputt.
„Nimmst du mich im Auto mit?",
fragt er Mama.
Aber Mama ist in großer Eile.

„Kann ich dein Rad haben?",
fragt er Anna.
Aber Anna braucht das Rad selbst.

„Was mache ich bloß?",
fragt Tim.
„Ich weiß nicht, wie man
einen Reifen repariert."

54 🚗 **Au au**

Überlegen, welche Fahrradteile defekt sein können.

Anna hilft

Anna holt den Schlauch aus dem Reifen
und schaut sich den Schlauch genau an.

Aber wo ist das Loch?
„Tim, wir brauchen einen
Eimer Wasser, wenn wir
das Loch finden wollen."

Schnecken-Radrennen

Beim Schnecken-Radrennen
muss man so langsam fahren,
wie man kann, ohne einen Fuß
auf den Boden zu setzen.

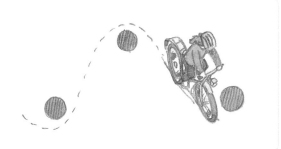

Monstermusik

Die Jungen machen Monstermusik.
Dabei singt jeder durch ein Loch
in einem Jogurtbecher.

Sie jaulen und jammern,
immer lauter
und immer unheimlicher.

„Das klingt ja schaurig!",
sagt Julia.
„Das jagt einem
richtig Angst ein.
Kann ich mitsingen?"

Gemeinsam mit „Jogurt-Stimme" sprechen und singen.

Instrumente bauen

Aus gebrauchtem Material kann man Instrumente bauen
und damit gemeinsam Musik machen :
Geburtstagslieder , Traummusik ...

ton-Gitarre

Sandpapier-Reibe

Kronkorken-Rassel

Dosen-Rassel

Trommel

Murmel-Dose

Alle machen mit

Alle machen mit bei der Musik ,
alle machen mit bei der Musik .
Einmal laut und einmal leise ,
jeder macht's auf seine Weise .
Alle machen mit bei der Musik .

nach Susanne Dank

Der Riese Milosch

Einmal landeten
Fara und Fu
im Land der Riesen.

„Darf ich mitkommen?",
bat der Riese Milosch.
„Ich habe die Welt noch nie
aus der Luft gesehen."

Fara lachte:
„Ein Riese wie du
passt nicht
in unseren Korb."

„Ich mache mich klein",
antwortete Milosch.

„Kannst du das?"

„Passt auf!", sagte Milosch.
„Hokuspokus!"

Kaum hatte er das gesagt,
wurde er auch schon kleiner.
Fast so klein wie
Fara und Fu.

Nun konnte Milosch die Welt
aus der Luft betrachten …

Schläfst du?

„Opa, darf ich noch einen Film sehen?", bettelt Nils.
„Ich bin nämlich noch gar nicht müde."

„Nein, du musst nun ins Bett.
Du brauchst genügend Schlaf", erklärt Opa.

„Bitte, können wir wenigstens noch ein Märchen lesen?"

Opa schlägt das Buch auf und blättert.
„Welches Märchen möchtest du denn hören?"

Nils antwortet nicht.

„Nils, schläfst du?"

Erklären, warum Schlaf wichtig ist.

Unter der Dusche

Maria duscht.
Sie singt laut
und das Wasser rauscht.

„Bist du fertig?",
fragt Mama.

Maria hört nicht.
Sie singt laut
und das Wasser rauscht.

„Schluss!",
sagt Mama.
„Wasser ist kostbar."

Zähne putzen

Hände waschen

Essen kochen

Geschirr spülen

Wäsche waschen

Aufschreiben, was für die Gesundheit wichtig ist.

Ö ö Ü ü

Nudelwunder

Tim ist mit seinem Vater allein zu Hause.
„Was gibt es denn zu essen?", fragt Tim.

„Wir schauen mal,
was wir in der Küche finden", meint Vater.

Nach kurzer Zeit haben die beiden
viele Zutaten gefunden:
Nudeln von gestern, Eier ...

„Aha!", sagt Vater.
„Daraus zaubern wir
ein Nudelwunder."

„Was ist denn das?",
will Tim wissen.

„Lass dich
überraschen."

Z z

Überlegen, welche Zutaten für ein Nudelgericht
verwendet werden können.

Obstsalat

„Als Nachtisch gibt es einen Obstsalat",
sagt Tim.
„Vitamine sind gesund."

Er holt einen Zettel
mit einem Rezept.
„Das haben wir in der Schule
schon ausprobiert."

Zutaten für einen Obstsalat

| eine Zitrone | etwas Honig | Äpfel | Bananen | Apfelsinen | Nüsse |

Zubereitung

| Die Zitrone auspressen. | Etwas Honig in den Zitronensaft geben. | Das Obst waschen, schälen und zerkleinern. | Alle Zutaten mit dem Saft mischen. |

Rezept für einen anderen Salat aufschreiben.

V v

Bei der Zahnärztin

Lara hatte einen losen Zahn.
Aber sie bekam ihn nicht selbst heraus.
Deshalb fuhr Mutter mit ihr
zur Zahnärztin.
Lara nahm Fu mit.

 „Guten Tag, ihr beiden,
kommt bitte herein!"

 „Fu kommt zuerst."

 „Dann mach mal bitte
den Mund auf, Fu."

 „Keine Angst, Fu!
Es geht ohne zu bohren."

 „Prima, Fu!
Alles ist in Ordnung."

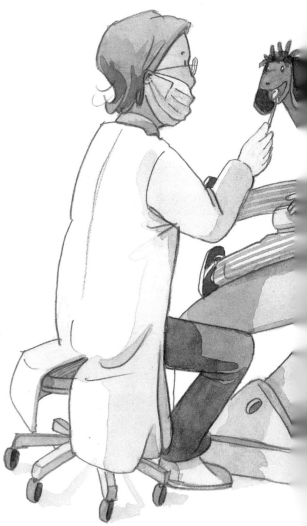

Den Zahnarztbesuch nachspielen.

Schwupp!

„Und was fehlt dir, Lara?"

„Ein Milchzahn ist hohl
und lose."

„Darunter kommt ein Zahn.
Ich hole den alten heraus."

„Tut das sehr weh?"

„Schwupp!
Da haben wir ihn schon."

„..."

Der neue Zahn
ist unter dem
Milchzahn.

Er schiebt
den Milchzahn
nach oben.

Der
Milchzahn
wackelt.

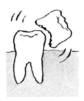
Der
Milchzahn
fällt heraus.

Eine eigene Zahn-Geschichte malen oder aufschreiben.

oh uh

Der Regenbogen

Den ganzen Tag
hat es geregnet.
Fara und Fu warten darauf,
dass die Sonne
endlich wieder scheint.

„Fara, es wird schon heller."

„Schau mal, dahinten ist ein Regenbogen."

Fara und Fu kommen
dem Regenbogen immer näher.

„Was meinst du, Fara?
Kann man über
den Regenbogen gehen?"

„Ist er denn fest genug?"
„Lass uns das untersuchen!"

Aber der Wind treibt die Wolken fort
und die Sonne scheint wieder.

„Schade", sagt Fara,
„nun ist der Regenbogen
verschwunden."

„Hoffentlich regnet es
bald wieder."

Steinspiele

Die Kinder spielen Stein-Mikado.
Wenn ein Stein genommen wird,
darf sich kein
anderer Stein bewegen.
Das ist spannend.

Bei diesem Spiel geht ein Wanderstein
von Hand zu Hand.
Ein Kind steht in der Mitte
und soll raten, wer den Stein hat.

Sp sp

Weitere Spielideen mit Steinen zusammentragen oder erfinden.

Steinwunder

Julia zeigt einen Bernstein,
den sie am Strand gefunden hat.
„Seht ihr darin die Spinne?"

Alle staunen.

„Nils, dein Stein funkelt
wie ein Stern.
Das ist bestimmt
ein Edelstein."

„Nein, das ist nur Glas."

Der Stein

In meiner Hand
liegt ein kühler Stein.

Meine Hand
wärmt den Stein.

Meine Finger
schließen Freundschaft
mit dem Stein.

Georg Bydlinski

Eine Stein-Geschichte oder ein Stein-Gedicht schreiben.

St st

Zauberglas

„Schaut her, Leute!", sagt Murat.
„Ich zeige euch heute einen Zaubertrick!"
Er öffnet ein Glas, das mit Sand gefüllt ist,
und drückt eine Murmel hinein.

„Diese Murmel steigt aus dem Zauberglas heraus,
ohne dass ich sie anfasse."

Dann schüttelt er das Glas.
Alle blicken gespannt in das Zauberglas ...

„Ob der Trick auch mit einem Euro glückt?",
überlegt Tim.

Vermuten und überprüfen, ob der Trick gelingt.

Zauberflasche

„Passt auf!", sagt Sara.
„Ich lasse einen Euro auf meiner Zauberflasche tanzen."

Sie befeuchtet die Öffnung der Flasche
und legt den Euro darauf.
Dann umfasst sie die kalte Flasche
mit ihren warmen Händen.

Alle warten.
Wird der Euro tanzen?

„Das klappt nicht",
meint Tim.

Die Schnecke kriecht

Male eine Schnecke, die nach links kriecht.
Stelle vor das Bild ein Glas Wasser.
Ziehe es langsam zu dir.
Was passiert mit der Schnecke?

Einen Zaubertrick malen und dazu schreiben.

ck 71

Die Kleinsten sind die Stärksten

Es gibt sehr starke Tiere, zum Beispiel Pferde.
Aber im Verhältnis zu ihrer Körpergröße
sind die kleinsten Tiere die stärksten.

Eine Ameise kann Tiere
und Pflanzen im Gewicht
von 40 Ameisen tragen.
Das ist so, als könntest du
40 Kinder tragen.

Ein Maulwurf kann sich
in einer Nacht 100 Meter weit
durch die Erde wühlen.
Das ist so, als könntest du
einen Tunnel graben, der so lang ist
wie mehrere Fußballplätze.

Ein Frosch kann
zwei Meter weit springen.
Das ist so, als könntest du
mit einem Satz
über eine breite Straße hüpfen.

Überlegen, was Tiere besser können als Menschen.

Dinosaurier

Einer der größten Dinosaurier
wog so viel wie zwölf Elefanten.
Er war friedlich
und fraß nur Pflanzen.

Einer der kleinsten Dinosaurier
wog nicht mehr als eine Katze.
Er war ein Fleischfresser.

Brachiosaurus

Saltopus

Dinosaurier-Eier

Alle Dinosaurier legten ziemlich kleine Eier.
Selbst die Eier des Brachiosaurus
waren kaum größer als ein Fußball.
Sonst wäre die Schale zu dick gewesen
und die Jungen hätten nicht schlüpfen können.

Ein Fantasietier malen und dazu schreiben.

tz 73

Die Reise zur Raumstation

„Irgendwo da oben fliegt eine Raumstation",
sagt Fara.
„Wollen wir die mal besuchen?"

„Schaffen wir das
mit unserem Ballon?"

„Na klar!"

Schnell steigt der Ballon mit Fara und Fu
in den Himmel.
Schon schweben sie über den Dächern.

Der Ballon steigt höher und höher.
Aber die Raumstation
ist nicht zu sehen.

„Fara, es wird immer kälter."
„Und die Luft wird immer dünner."

„Wir müssen umkehren, Fu!
Wir sind nicht richtig ausgerüstet."

„Schade!"

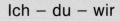

Alle sind verschieden

Lara ist wild,
Leon ist sanft.

Maria ist groß,
Lea ist klein.

Nils spricht laut,
Murat spricht leise.

Tim läuft schnell,
Julia ….

Fara macht häufig Quatsch,
Fu ….

76   Äu äu

Weitere persönliche Unterschiede nennen.

Normal

Wer ist normal?
Alle sind verschieden.
Das ist normal.

Ich gebe dir die Hände

Ich gebe dir die Hände
und schau' dir ins Gesicht.
Dass wir so ganz verschieden sind,
das stört uns wirklich nicht.

Ich gebe dir die Hände,
da kann es jeder seh'n,
dass du und ich, dass ich und du,
dass wir uns gut versteh'n.

Rolf Krenzer

Sich selbst malen und persönliche Eigenschaften aufschreiben.

Versöhnen

Sara, Max und Yvonne sind die besten Freunde.
Aber eines Tages geraten Max und Yvonne in Streit.
Nun wollen beide nur noch allein mit Sara spielen.

Sara hat ein Problem:
Wenn sie mit Max spielt, ist Yvonne traurig.
Spielt sie mit Yvonne, ist Max traurig.

Sara grübelt, wie sie die beiden versöhnen kann.
Da hat sie eine Idee:
Sie verabredet sich mit Yvonne auf dem Kletterturm.
Auch mit Max verabredet sie sich
auf dem Kletterturm – zum selben Zeitpunkt.

Pünktlich steigt Yvonne auf den Kletterturm
und wartet.

Wenig später
steigt Max
die Leiter
hinauf ...

X x

Besprechen und nachspielen, ob es zur Versöhnung kommt.

Zum Heulen

Wenn ich etwas
zum Heulen finde,
heule ich mich leer.
Kummer schlucken
macht mich wütend
und das Herz mir schwer.

Wenn ich etwas
zum Freuen finde,
freue ich mich satt.
Und ich teile
meine Freude
mit dem, der keine hat.

Ute Andresen

Ich freue mich, wenn ich dich seh,
ich finde dich so nett,
ich schenke dir mein H und E,
mein R und auch mein Z.

Frantz Wittkamp

Aufschreiben, worüber man sich freuen kann.

10 Cent

Philipp hat sich einen Comic gekauft.
Der Verkäufer gibt ihm
zwei 10-Cent-Stücke zurück.

Philipp wundert sich.
Die Vorderseiten sehen gleich aus,
aber die Rückseiten sind verschieden.

„Eine Münze ist aus Deutschland",
denkt er.
„Aber woher ist die andere?"

Philipp läuft nach Hause,
um seine Mutter zu fragen.
„Schau mal, Mama!
Aus welchem Land ist dieses 10-Cent-Stück?"

„Komm mit an den Computer!
Wir schauen im Internet nach."

Münzen betrachten und den Herkunftsländern zuordnen.

Euro und Cent

An den Münzen kann man erkennen,
in welchem Land sie geprägt wurden.

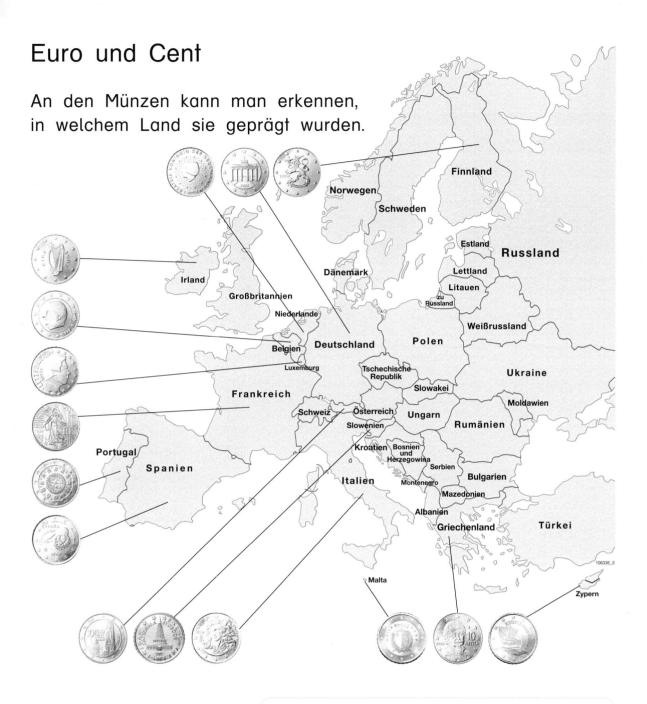

Deutsch:	Guten Morgen!	Auf Wiedersehen!
Türkisch:	Günaydın!	Güle, güle!
Englisch:	Good morning!	Good bye!
Spanisch:	Buenos dias!	Hasta la vista!
Italienisch:	Buon giorno!	Arrivederci!

Eine Münze durchreiben und das Herkunftsland notieren.

Luftpost

Anna bringt einen Luftballon mit.
„Daraus mache ich eine Luftpost."

„Eine Luftpost?", fragt Paul.

„Ja, ich schreibe eine Karte,
binde sie an den Ballon
und lasse sie fliegen.

„Das ist eine tolle Idee!",
sagt Paul.
„Ich helfe dir!"

Als die Luftpost fertig ist,
öffnet Anna das Fenster ...

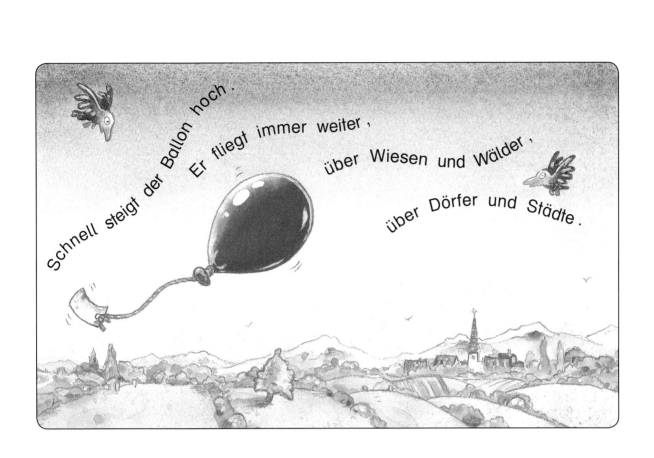

Schnell steigt der Ballon hoch.
Er fliegt immer weiter,
über Wiesen und Wälder,
über Dörfer und Städte.

„Schau mal, Fu!",
ruft Fara.
„Dahinten kommt
ein Ballon angeflogen."

„Seltsam", sagt Fu.
„An dem Ballon
hängt etwas."

Zack, der Zwerg

Zack, der Zwerg, ruft laut: „O Schreck!
Meine Zipfelmütz' ist weg!"
Er sucht und sucht im ganzen Haus,
leert Schränke und die Truhe aus.
Die Zipfelmütze bleibt verschwunden.
Jedoch hat Zack ein Buch gefunden.
Er ruft: „Das ist ja wie verhext!"
Denn in dem Buch
steht dieser Text:

Zack, der Zwerg

Zack, der Zwerg, ruft laut: „O Schreck!
Meine Zipfelmütz' ist weg!"
Er sucht und sucht im ganzen Haus,
leert Schränke und die Truhe aus.
Die Zipfelmütze bleibt verschwunden.
Jedoch hat Zack ein Buch gefunden.
Er ruft: „Das ist ja wie verhext!"
Denn in dem Buch steht dieser Text:

nach Josef Guggenmos

Das Endlos-Gedicht sinngestaltend lesen.

Mein Lieblingsbuch

In Tims Lieblingsbuch
erlebt ein Junge
ein Abenteuer
mit einem Drachen.

Gegen Mittag war der Drache
schon größer als das Haus.
Sein Kopf ragte zur Haustür
heraus.

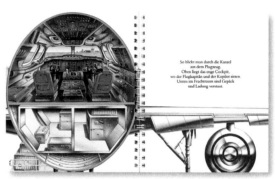

Das ist Laras
Lieblingsbuch,
weil sie Pilotin
werden will.

So blickt man durch die Kanzel
aus dem Flugzeug.
Oben liegt das enge Cockpit,
wo der Flugkapitän und der Kopilot sitzen.
Unten im Frachtraum sind Gepäck
und Ladung verstaut.

Inzwischen hatte Peter
eine Schlinge gemacht
und ließ sie behutsam hinunter.
Er fing den Wolf am Schwanz
und zog die Schlinge zu.
Als der Wolf merkte,
dass er gefangen war,
sprang er wild umher
und versuchte sich loszureißen.
Aber Peter hatte
das andere Ende des Seils
am Baum festgemacht
und je wilder
der Wolf umhersprang,
umso fester
zog sich die Schlinge
um seinen Schwanz
zusammen.

Maria kann
zu ihrem Lieblingsbuch
die Musik hören.

Ein Buch ist wie ein Garten,
den man in der Tasche trägt.

Arabisches Sprichwort

Den Titel eines Lieblingsbuches notieren und die Auswahl begründen.

Tierisch lustig

Einen Lieblingswitz erzählen.

Über das Heulen von Eulen

Es sitzt die Eule in dem Turm
und heult so schaurig wie der ...
Sie jammert laut: Huhuu! Huhuu!
Da hält man sich die Ohren zu
und schließt geschwinde alle ...
und sieht vor lauter Angst Gespenster.

Hast du noch nie gedacht, mein ...,
dass Eulen auch mal hungrig sind?
Die Eule nämlich in dem ...
schreit nur nach einem Regenwurm.

Eva Rechlin

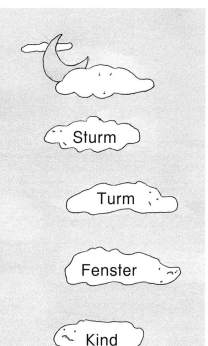

Sturm

Turm

Fenster

Kind

Nachtjäger

Nachts ist die Eule munter,
tagsüber ruht sie sich aus.

Das gleiche
macht die Fledermaus,
aber kopfunter.

Hans Manz

Der Hase und der Igel

Ein Hase und ein Igel wollten um die Wette laufen .
Der Hase zählte : „ Eins , zwei , drei ! ", und rannte los .
Der Igel aber lief nur drei Schritte
und blieb sitzen .

Als der Hase am Ende des Feldes ankam ,
rief die Igelfrau : „ Ich bin schon da ! "
Der Hase wunderte sich und rief :
„ Noch einmal ! "

Schon rannte er wieder los .

Als der Hase am Ende des Feldes ankam ,
rief der Igel : „ Ich bin schon da ! "
Der Hase wunderte sich und rief : „ Noch einmal ! "

So lief der Hase dreiundsiebzig Mal .
Jedes Mal , wenn der Hase ankam ,
riefen der Igel oder seine Frau : „ Ich bin schon da ! "
Beim vierundsiebzigsten Mal aber fiel der Hase erschöpft zur Erde .

nach den Brüdern Grimm

Das Märchen nachspielen.

Das Stacheltier

Der Igel ist ein Stacheltier.
Seine vielen tausend Stacheln
sind verhornte Haare.
Sie bilden ein Stachelkleid,
das ihn vor Feinden schützt.

Wenn sich der Igel bedroht fühlt,
rollt er sich zu einer stacheligen
Kugel zusammen.
Erst wenn die Gefahr vorüber ist,
kommt der Kopf langsam wieder
zum Vorschein.

Aber vor Autoreifen schützt
das Stachelkleid nicht.

Wenn sich die Igel küssen,
dann müssen, müssen, müssen
sie ganz, ganz fein
behutsam sein.

Johannes Kuhnen

Eine Igel-Geschichte malen und schreiben.

89

Strubbel

„Das ist kein schöner Urlaubsanfang!",
meint Fu.
„Rastplatz überfüllt,
Schlangen an der Tankstelle, Stau."

Fara entdeckt einen kleinen Hund,
der am Rastplatz sitzt.
„Halt!
Nicht auf die Fahrbahn!"

Der Hund winselt.

„Was machst du hier so allein?",
fragt Fu.

„Ach, meine Familie hat Rast gemacht
und mich vergessen."

„Komm mit uns!", sagt Fara.
„Wir bringen dich
zu deiner Familie!"

Fara und Fu fliegen mit Strubbel
über endlose Autoschlangen.

Auf einmal ruft der Hund:
„Da steht unser Wohnwagen,
da auf dem Parkplatz!"

Herbst

Überlegen, aus welchem „Herbstmaterial" man Figuren basteln kann.

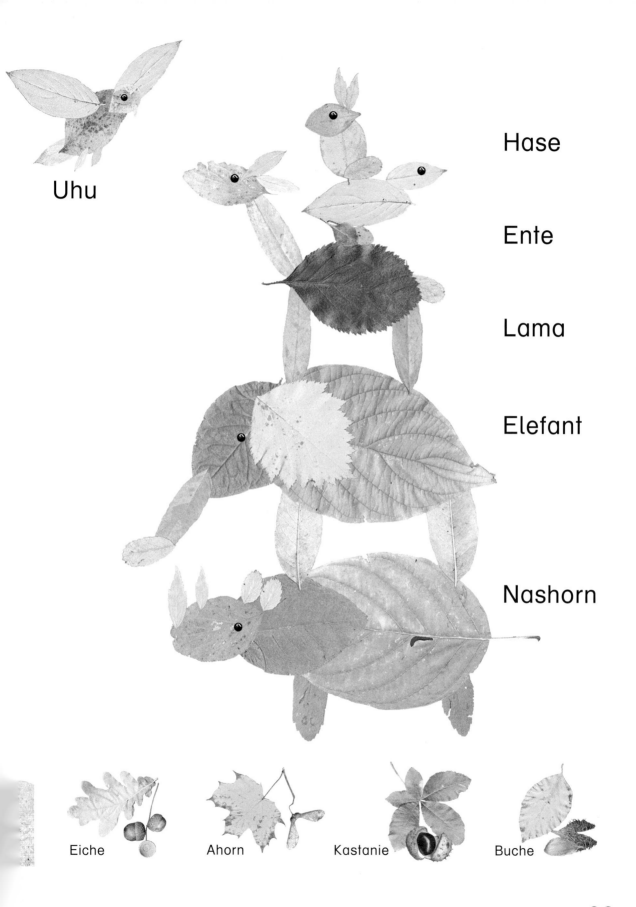

Uhu

Hase

Ente

Lama

Elefant

Nashorn

Eiche   Ahorn   Kastanie   Buche

Figuren aus Blättern gestalten und dazu schreiben.

93

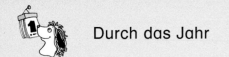

Sankt Martin

Es war kalt.

Ein Mann fror.

Da kam Sankt Martin.

Er teilte seinen Mantel

mit dem armen Mann.

Die Legende nachspielen.

Laterne

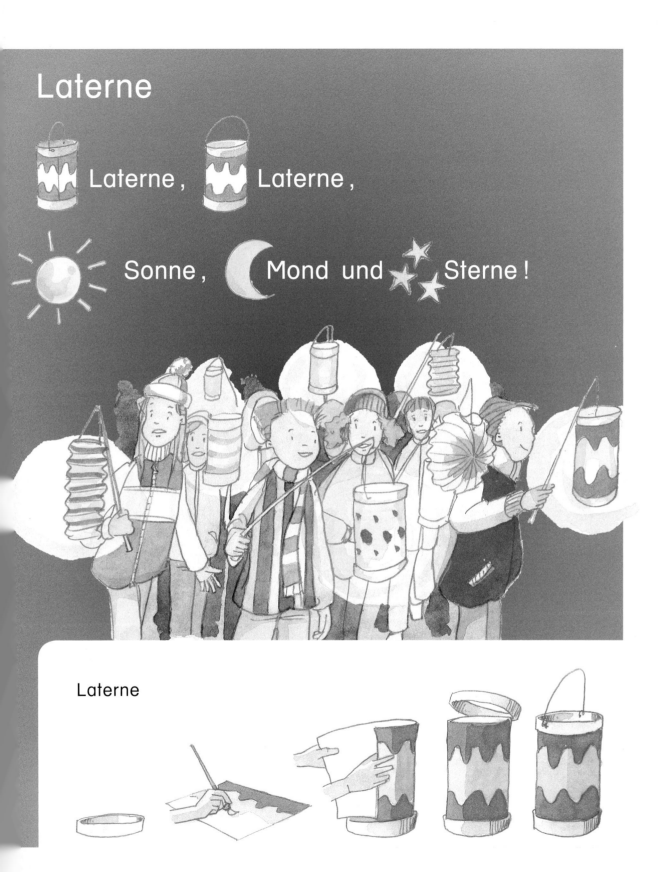

Laterne, Laterne,

Sonne, Mond und Sterne!

Laterne

Nikolaus

Spielfiguren herstellen und die Geschichte nachspielen.

Nikolaus

Niko, Niko,
Nikolaus,
komm doch auch
in unser Haus.

Volksgut

Malen und aufschreiben, was der Nikolaus bringt.

97

Advent

Lara und Tim formen Esel.

Eine Szene auswählen und dazu erzählen.

Mama hilft Ralf.

Nils malt Kekse an.

Ira malt
Karten.

Oma faltet
mit Maria Ketten.

Das Kindchen in der Krippe lacht,
der Stern macht hell die dunkle Nacht
und Friede ist auf Erden!

Ursula Wölfel

Einen Wunschzettel malen und schreiben.

Leise ! Leise !

Die Kinder haben Rosinen
auf einen Teller gelegt.

„Leise !", flüstert Lara.

Eine Amsel kommt.

„Leise ! Nicht bewegen !"

Es kommt noch eine Amsel.

„Pst !"

„Ach", sagt Tim,
„da kommt eine Elster."

Husch !
Alle Amseln sind fort.

Informationen über die Tierfütterung im Winter zusammentragen.

Spuren im Schnee

Über Nacht hat es geschneit.
So weit das Auge reicht,
liegt alles unter
einer weißen Decke.

„Was machen nun die Tiere?",
denkt Maria.
„Wo finden sie Futter?
Wo schlafen sie?"

Da entdeckt sie
eine Spur im Schnee.

Spuren von winzigen Zehen

Was ist da im Schnee zu sehen?
Spuren von winzigen Zehen.

Eine kleine Maus –
hier kam sie heraus!
Verschwunden ist sie, husch,
in jenem Loch vor dem Haselbusch.

Zwischen den Tritten
fein
ein Strich.
Was kann's sein?
Da zog es das Schwänzlein
hinter sich drein.

Josef Guggenmos

Spuren im Schnee malen und dazu schreiben.

Wer tanzt mit mir?

Die Kinder singen und tanzen.
Das ist ein tolles Fest!

Auf einmal geht das Licht aus
und ein Monster kommt herein.
„Hu hu hu!", ruft es.
„Wer tanzt mit mir?
Hu hu hu!"

Alle schreien und laufen weg.

Nur die Prinzessin bleibt stehen,
denn sie hat das Monster erkannt.
Sie gibt ihm die Hand und ...

Spielvorschläge für ein Klassenfest sammeln.

Ball der Tiere

„Wir geben einen Ball!",
singt die Nachtigall.

„Wo?",
fragt der Floh.

„Im Haus",
piepst die ….

„Gibt's auch eine Speise?",
flötet die Meise.

„Für alle 'ne Nudel",
bellt der ….

„Was trinken wir dazu?",
muht die ….

„Tee",
sagt das ….

„Fein",
grunzt das ….

Unbekannter Verfasser

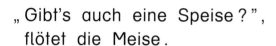

Maus

Kuh   Reh   Schwein

Pudel

Maske

Pappkreis
bis zur Mitte
einschneiden,

etwas
zusammenschieben
und festkleben,

Löcher für Augen
ausschneiden,

bekleben und
bemalen,

Gummiband
anbringen.

Eine Lieblingsverkleidung malen und dazu schreiben.

103

Zi-zi-be!

„Horch mal", sagt Mutter,
„eine Kohlmeise singt
ihr Frühlingslied.
Zi-zi-be! Zi-zi-be!"

Nils lauscht.

„Das sind ja zwei!", ruft er.
„Die eine Meise füttert die andere
Sind das Mutter und Kind?"

„Nein", antwortet Mutter,
„das ist ein Meisenpaar.
Aber bald werden im Nistkasten
Meisenkinder sein."

Überlegen, warum die eine Meise die andere füttert.

Immer wieder kommt ein neuer Frühling

Immer wieder kommt ein neuer Frühling,
immer wieder kommt ein neuer März.
Immer wieder bringt er neue Blumen,
immer wieder Licht in unser Herz.
    Hokuspokus
    steckt der Krokus
    seine Nase schon ans Licht.

Immer wieder kommt ein neuer Frühling,
immer wieder kommt ein neuer März.
Immer wieder bringt er neue Blumen,
immer wieder Licht in unser Herz.
    Still und leise
    hat die Meise
    sich ein neues Nest gebaut.

Rolf Zuckowski

Schwalbe

Frühlingsboten

| Schneeglöckchen | Krokus | Regenwurm | Hummel | Weidenkätzchen |

Weitere Frühlingsboten malen und aufschreiben.

105

Eine Osterwiese

Lege Watte in eine Schale
und befeuchte sie.
Streue Kressesamen darauf.

Schon bald keimt die Kresse.
Halte die Watte gut feucht.

Nach etwa einer Woche
ist die Osterwiese fertig.

Du kannst ein bemaltes Ei
auf die Osterwiese legen.

Überlegen, was auf Eier gemalt und geschrieben werden kann.

Hans-Benjamin, der Hase

Hans-Benjamin, der Hase,
läuft zickzack auf dem Feld,
schießt Purzelbaum im Sonnenschein
und freut sich an der Welt.

Er springt zu allen Hasen,
schlüpft in den Bau und schreit:
„He, aufgewacht! Die Sonne scheint,
und Ostern ist nicht weit!"

James Krüss

Der **Feldhase** liegt am Tage in seinem Lager
auf dem Feld. Erst in der Nacht sucht er Nahrung.
Die Jungen werden auf dem Feld geboren.
Sie haben schon ein Fell und können sofort
sehen und laufen.

Das **Kaninchen** ist kleiner als der Hase und
hat kürzere Ohren. Kaninchen ruhen am Tage
in ihrem Bau. Dort kommen auch die Jungen
zur Welt. Die Jungen sind bei der Geburt
nackt und blind.

Ein Bild mit versteckten Ostereiern malen und dazu schreiben.

Der Brief

Es kommt von mir,
es geht zu dir.
Es ist kein Mensch,
es ist kein Tier.
Es ist nur dies:
ein Stück Papier.

Ein Stück Papier,
jedoch es spricht.
Es bringt von mir
dir den Bericht:
Ich hab dich lieb,
vergiss mich nicht.

Josef Guggenmos

Überlegen, wie man der Mutter Freude bereiten kann.

Meine Mama

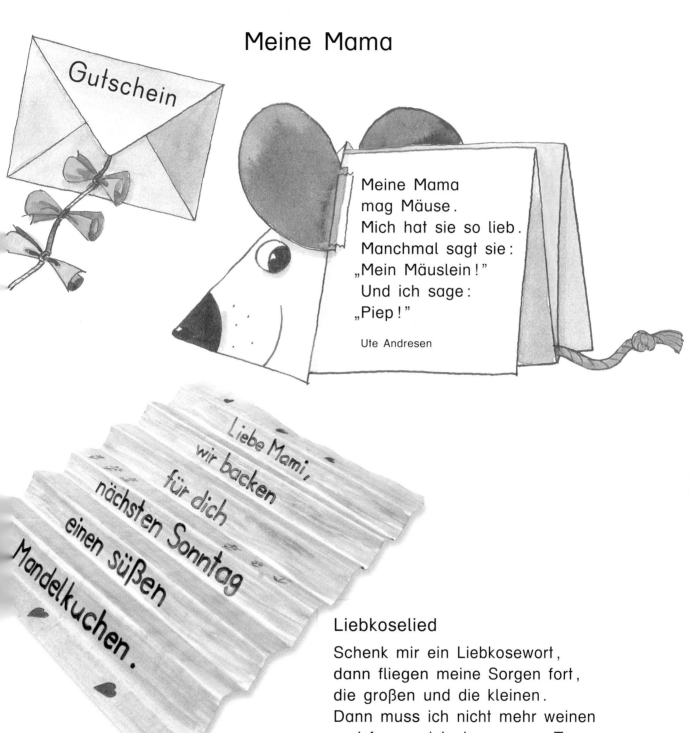

Gutschein

Meine Mama
mag Mäuse.
Mich hat sie so lieb.
Manchmal sagt sie:
„Mein Mäuslein!"
Und ich sage:
„Piep!"

Ute Andresen

Liebe Mami,
wir backen
für dich
nächsten Sonntag
einen süßen
Mandelkuchen.

Liebkoselied

Schenk mir ein Liebkosewort,
dann fliegen meine Sorgen fort,
die großen und die kleinen.
Dann muss ich nicht mehr weinen
und freue mich den ganzen Tag,
dass mich jemand gerne mag.

Monika Erhardt

Einen Gutschein für eine Person herstellen.

Der Marienkäfer

An der Fensterscheibe krabbelt ein roter Marienkäfer.
Julia zählt sieben schwarze Punkte.

„Komm, 7-Punkt!"
Vorsichtig schiebt Julia den Käfer
auf ein Blatt.
Er liegt auf dem Rücken
und regt sich nicht mehr.

Julia zeigt den Marienkäfer
ihrer Mutter.
„Ist er tot?"

„Der Käfer stellt sich nur tot",
beruhigt Mutter.
„Warte einen Augenblick!"
Julia wartet.

Und wirklich!
Der Marienkäfer bewegt sich.
Er krabbelt auf dem Blatt.
Dann breitet er seine Flügel aus
und fliegt davon.

„Auf Wiedersehen, 7-Punkt!"

Informationen über Marienkäfer sammeln.

Die Raupe

Eine Raupe saß auf einem Blatt und fraß.
Da landete eine Fliege auf dem Blatt.
Die Raupe sagte:
„Ich will auch fliegen können wie du."

Die Fliege lachte:
„Du kannst nie, nie fliegen!
Du bist zu dick und du hast keine Flügel."

Die Raupe war traurig
und kroch langsam weiter.
Sie träumte, wie ein Schmetterling
im Sonnenschein zu fliegen.

Helene Will-Beuermann

Der Schmetterling
legt Eier unter ein Blatt.

Aus den Eiern kriechen
die kleinen Raupen.

Die Raupe muss fressen,
fressen, fressen.

Die Raupe
wird eine Puppe.

Aus der Puppe schlüpft
der Schmetterling.

Der fertige Schmetterling
fliegt los und ...

Einen fliegenden Schmetterling malen und dazu schreiben.

Sommer

Dem ![Bär] , dem ist es viel zu heiß,
er träumt von einem Honigeis.

Dem ![Affe] ist es viel zu heiß,
er träumt jetzt von Bananeneis.

Dem ![Papagei] ist's viel zu heiß,
er träumt von einem Körnereis.

Dem ![Pinguin] ist's viel zu heiß,
er träumt von einem Fisch aus Eis.

Dem ![Zebra] ist es viel zu heiß,
es träumt von einem Streifeneis.

Dem ![Känguru] ist's viel zu heiß,
es träumt von einem Beutel Eis.

Und das ![Krokodil] ?
Das Krokodil, das Krokodil,
das träumt von Eis am Stiel.

Gabriele Roß

Känguru

Affen

Pinguin

Papagei

Krokodil

Bär

Zebra

Das Gedicht mit verteilten Rollen sprechen.

Sommerhitze

Kinder , ist das eine Hitze !
Kinder , ist das heute heiß !
Nur zwei Sachen gibt's , die nützen :
Baden gehen oder Eis .

Christel Süßmann

Erdbeer-Eis

Zutaten :
- 250 g gewaschene Erdbeeren
- 250 g süße Sahne
- 2 Esslöffel Honig

Zubereitung :
Die Erdbeeren zerdrücken ,
den Honig dazugeben und verrühren .
Die Sahne steif schlagen ,
mit den Erdbeeren vermischen
und in Jogurtbecher füllen .
Die Becher für mehrere Stunden
ins Gefrierfach stellen .

Aufschreiben, wie sich Menschen bei Hitze verhalten.

Textquellen

S. 47: Bydlinski, Georg: Guten Tag. Aus: Die bunte Brücke.
Reime, Rätsel und Gedichte. Herder & Co., Freiburg, Basel, Wien 1992.

S. 49: Baumann, Hans: Wie schlafen Bärenkinder? © 1988 Elisabeth Baumann.

S. 53: Böke, Barbara: Mein Boot, das schaukelt hin und her …
(Originaltitel: Mein Boot. Text und Melodie: Barbara Böke).
Aus: Lernspiele 2. © Fidula Verlag, Boppard/Rhein, Salzburg 2002.

S. 55: Schnecken-Radrennen.
Nach: „mach mit". Velber Verlag, Seelze, Nr. 5, Mai 1999.

S. 57: Dank, Susanne: Alle machen mit (Originaltitel: Mit der Trommel machen wir Musik.
Text: Susanne Dank, Musik: trad.; bearb.). Aus: Probier's mal mit Musik.
Lieder, Spiele und Ideen für den Unterrichtsalltag.
© Verlag modernes lernen, Dortmund 2002.

S. 69: Bydlinski, Georg: Der Stein. Aus: Gelberg, Hans-Joachim (Hrsg.):
Überall und neben dir. Gedichte für Kinder.
Beltz Verlag, Programm Beltz & Gelberg, Weinheim, Basel 1986.

S. 77: Krenzer, Rolf: Ich gebe dir die Hände (Originaltitel: Ich gebe dir
die Hände und schau dir ins Gesicht; gek.) © Rolf Krenzer.

S. 79: Andresen, Ute: Zum Heulen. Aus: ABC und alles auf der Welt.
Beltz & Gelberg in der Verlagsgruppe Beltz, Weinheim, Basel 2002.

S. 79: Wittkamp, Frantz: Ich freue mich, wenn ich dich seh… (Originaltitel: Herz).
Aus: Gelberg, Hans-Joachim (Hrsg.): Überall und neben dir. Gedichte für
Kinder. Beltz Verlag, Programm Beltz & Gelberg, Weinheim, Basel 1986.

S. 84: Zack der Zwerg. Nach: Guggenmoos, Josef: Ein Hase, der gern Bücher las…
Aus: Wenn Riesen niesen.
Verlag Carl Ueberreuter, Wien, Heidelberg 1980.

S. 85: Unbekannter Verfasser: Ein Buch ist wie ein Garten …
(Arabisches Sprichwort).

S. 86: Tierisch lustig. Nach: Dambach, Dieter (Hrsg.): Cartoons, Witze,
Scherzfragen. Otto Maier Verlag, Ravensburg 1985;
Kahlert, Elke; Kohlsaat, Friedrich: Witzekiste.
Rowohlt Taschenbuch Verlag, Reinbek 1989.

S. 87: Rechlin, Eva: Über das Heulen von Eulen.
Aus: Krüss, James (Hrsg.): So viele Tage wie das Jahr hat.
C. Bertelsmann Verlag, München 1989.

S. 87: Manz, Hans: Nachtjäger. Aus: Mit Wörtern fliegen.
Neues Sprachbuch für Kinder und Neugierige.
Beltz Verlag, Programm Beltz & Gelberg, Weinheim, Basel 1995.

S. 88: Der Hase und der Igel. Nach den Brüdern Grimm.

S. 89: Kuhnen, Johannes: Wenn sich die Igel küssen (gek.). © Johannes Kuhnen.

114

S. 95:   Unbekannter Verfasser: Laterne, Laterne, Sonne, Mond und Sterne.
         (Volkslied; gek.).

S. 97:   Unbekannter Verfasser: Nikolaus (Volksgut).

S. 99:   Wölfel, Ursula: Das Kindchen in der Krippe lacht … (gek.).
         Aus: Päd. Verlag Schwann (Hrsg.): Wunderbare Sachen.
         Pädagogischer Verlag Schwann, Düsseldorf 1970.

S. 101: Guggenmos, Josef: Spuren von winzigen Zehen.
         Aus: Was denkt die Maus am Donnerstag?
         Beltz & Gelberg in der Verlagsgruppe Beltz, Weinheim, Basel 1998.

S. 103: Unbekannter Verfasser: Ball der Tiere (Volksgut).
         Aus: Kreusch-Jacob, Dorothée (Hrsg.): Ich schenke dir ein Kuchenherz.
         Ellermann Verlag, München o. J.

S. 105: Zuckowski, Rolf: Immer wieder kommt ein neuer Frühling (gek.).
         © MUSIK FÜR DICH Rolf Zuckowski OHG, Hamburg.

S. 107: Krüss, James: Hans-Benjamin, der Hase (Originaltitel: Osterbotschaft,
         gek.: Strophen 11 und 12, Textnachdruck von Seite 117).
         Aus: Der wohltemperierte Leierkasten. C. Bertelsmann, München 1961.

S. 108: Guggenmos, Josef: Der Brief. Aus: Was denkt die Maus am Donnerstag?
         Beltz & Gelberg in der Verlagsgruppe Beltz, Weinheim, Basel 1998.

S. 109: Andresen, Ute: Meine Mama mag Mäuse. Aus: ABC und alles auf der Welt.
         Beltz & Gelberg in der Verlagsgruppe Beltz, Weinheim, Basel 2002.

S. 109: Erhardt, Monika/Lakomy, Reinhard: Liebkoselied.
         (Originaltitel: Schenk mir ein Liebkosewort).
         © Monika Ehrhardt/Reinhard Lakomy.

S. 111: Will-Beuermann, Helene: Die Raupe (Originalbeitrag).

S. 112: Roß, Gabriele: Sommer (Originaltitel: Eiszeit im Zoo).
         Aus: Mein Mi-Ma-Mitmachbuch vom Sommer. Pattloch Verlag, München 1999.

S. 113: Süßmann, Christel: Sommerhitze (gek.).
         Aus: Hallo, hier Kinderlandhausen. Boje Verlag, Stuttgart 1966.

S. 21:   u. r. (2): Mauritius, Mittenwald/D. v. Mallinckrodt.
S. 25:   u. l.: Visum, Hamburg/A. Vossberg; u. r. (3): Siemens Pressebild.
S. 41:   u. l.: Blickwinkel, Witten: fotototo;
          u. r.: Blickwinkel, Witten: I. van Haan;
          u. m.: Arco Digital Images, Lünen/M. Schulte.
S. 44/45: Astrofoto, Sörth.
S. 48:   Maurice Sendak: Wo die wilden Kerle wohnen.
          © 1967 Diogenes Verlag AG, Zürich.
S. 66:   Mauriitus, Mittenwald: SST.
S. 67:   o.: Mauriitus, Mittenwald: Mallaun; u.: Rossenbach.
S. 69:   © Peter Rüdel, Gröbenzell.
S. 72:   o.: Wildlife, Hamburg/Kottmann;
          m.: Photopress, Stockdorf/JBE;
          u.: Corbis, Düsseldorf/David A. Northcott.
S. 85:   o.: Drachen gibt's doch gar nicht, Ravensburger Buchverlag.
          Original: Jack Kent, There's no such a thing as a dragon,
          © Random House, New York;
          m.: Illustration by Donald Grant, from „Das Flugzeug",
          © Gallimard Jeunesse, Paris;
          u.: Sergej Prokofiew, Peter und der Wolf, Beltz & Gelberg
          in der Verlagsgruppe Beltz, Weinheim und Basel 2003.
S. 89:   o.: Okapia, Frankfurt/Fritz Hanneforth;
          u.: Reinhard-Tierfoto, Heiligkreuzsteinach.
S. 94:   Blumebild, Celle-Osterloh/Hubertus Blume.
S. 105:   Okapia, Frankfurt: T. Tilford (Schwalbe), K. G. Vock (Hummel);
          Mauritius, Mittenwald: Havel (Wurm), H. Schwarz (Schneegl.);
          Reinhard-Tierfoto, Heiligkreuzsteinach (Krokus u. Weidenk.).
S. 108:   Okapia, Frankfurt: M. Danegger (Schwan), F. Pölking (Löwe),
          N. Rosing (Bär), A. & S. Carey (Pferd); Reinhard-Tierfoto,
          Heiligkreuzsteinach (Seelöwe); Wildlife, Hamburg/A. Shah (Krokodil).
S. 110:   o.: M. Ellinghaus, Hannover;
          u.: Mauritius, Mittenwald.
S. 111:   alle: Werner Zept.

Illustriert von Jörg Hartmann, Felix Scheinberger,
Renate Emme, Angela Fischer-Bick, Britta van Hoorn,
Dunja Schnabel und Angelika Schuberg

Dieses Werk folgt der reformierten Rechtschreibung und Zeichensetzung 2006.

© 2007 Bildungshaus Schulbuchverlage
Westermann Schroedel Diesterweg Schöningh Winklers GmbH, Braunschweig
www.schroedel.de

Druck A² Jahr 2008
Alle Drucke der Serie A sind im Unterricht parallel verwendbar.

Redaktion: Jutta Wild
Herstellung: Nijole Küstner
Umschlaggestaltung: Andrea Heissenberg
Typografie und Layout: Andrea Heissenberg, Nijole Küstner
Satz und technische Umsetzung: PER Medien+Marketing GmbH, Braunschweig
Druck und Bindung: westermann druck GmbH, Braunschweig

ISBN 978-3-507-40450-2

Fu	Uta	Arm
ruft	ruft	Fara

Oma	Sara	Nils	Esel	Dose	Kamel
rot	los	an	rennen	und	kommen

Schule		Auto		Junge	
schnell	Fliege	kaufen	Fuß	ja	Ring

Stein	Euro		Pferd		Äu
steht	Leute	Schnecke	hüpfen	Katze	Häuse